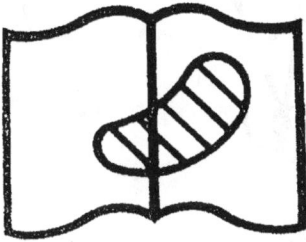

LES ÉCOLES

EN FRANCHE-COMTÉ

PENDANT LE MOYEN AGE

―――

CONFÉRENCE

Faite par M. Ulysse ROBERT

Le 9 février 1899

À LA 162ᵉ RÉUNION DE L'ASSOCIATION « LES GAUDES »

―――

BESANÇON

IMPRIMERIE ET LITHOGRAPHIE DE PAUL JACQUIN

―

1899

(12)

LES ÉCOLES EN FRANCHE-COMTÉ

PENDANT LE MOYEN AGE

CONFÉRENCE FAITE PAR M. ULYSSE ROBERT

le 9 février 1899

A LA 14e SESSION DE L'ASSOCIATION « LES GAUDES »

MES CHERS COMPATRIOTES,

Depuis longtemps, je désire vous faire une conférence sur un sujet de nature à intéresser un auditoire d'élite tel que les membres de notre association ; j'ai toujours hésité, parce que j'ai craint que ce sujet, surtout présenté sous la forme réduite d'une causerie, ne soit pas suffisamment attrayant pour tous. Des amis bienveillants m'ont engagé à surmonter mes hésitations. Si donc vous voulez bien, ainsi qu'à l'ordinaire, m'accorder, ce soir, votre attention, je vous entretiendrai des écoles en Franche-Comté pendant le moyen âge. Je ne dépasserai qu'exceptionnellement la date de la fondation de l'Université de Dole, en 1422 ; au point de vue historique, je m'en tiendrai, autant que possible, aux strictes limites ; je ne vous dirai pas ce que je sais ou plutôt ce que j'ai su du *trivium* et du *quadrivium* ; je ne vous ferai pas un cours d'histoire littéraire sur ceux de nos écolâtres qui ont laissé des ouvrages d'une lecture plus ou moins récréative ; en un mot, je ne vous servirai pas le travail sur lequel, il y a quelque trente ans, j'ai pâli plus d'une fois, lorsque je le préparais comme thèse de sortie de l'École des chartes. Sera-t-il publié un jour ? J'en doute fort. S'il ne doit pas l'être, ma peine, qui est aujourd'hui pour moi un plaisir, n'aura pas, de la sorte, été perdue pour tous.

Ce que je voudrais essayer de vous faire connaitre, ce sont les localités dans lesquelles j'ai constaté l'existence d'écoles pendant le

1

moyen âge, l'importance et le fonctionnement sommaire de ces écoles, les noms de leurs principaux maîtres, le genre de vie des écoliers et quelques particularités s'y rattachant. C'est un des côtés les plus obscurs de notre histoire ; ce n'en est pas le moins important.

* *

École municipale romaine de Besançon. — Condat. — Luxeuil.

Selon notre vieux chroniqueur Gollut, dans lequel il y a un peu à prendre, mais aussi beaucoup à laisser, Besançon aurait été, dans les premiers siècles de notre ère, un centre d'enseignement pour les Séquanais, nos pères. C'était moins pour donner aux enfants les bienfaits de l'instruction que pour leur faire « mieux perdre la mémoire « de l'institution, mœurs, loix et règles anciennes gauloises » que les Romains auraient institué des écoles dans les pays conquis. On ne procède d'ailleurs pas autrement de nos jours. « Ces escholes, dit-il, « estoient non seulement pour les lettres, la langue latine et pour la « cognoissance des sciences libérales, mais encore y estoient ensei- « gnés les escrimes et manimens des armes [1]. » Que le programme des études, comme on dirait aujourd'hui, ait compris l'escrime et le maniement des armes, je n'oserais l'affirmer. Je ne crois pas davantage, je le regrette pour nous, que Quintilien, ainsi que l'a avancé un de nos estimables historiens, ait enseigné à Vesontio. Dom Grappin a mal interprété un passage d'Ausone, qui s'applique à Julius Titianus, l'ancien précepteur de Maximin, fils de l'empereur du même nom (vers 235) [2]. L'école de Besançon y est formellement mentionnée comme *schola municipalis*.

Pour cette période reculée, nous ne savons rien de plus. Je dois cependant ajouter que l'empereur Julien, revenant en Gaule après son expédition contre les barbares et demandant à tout venant s'il n'y avait pas dans ces contrées quelque ami de la sagesse, vêtu du manteau ou de la tunique, rencontra près de Besançon un philosophe cynique et l'accueillit avec faveur. C'est lui-même qui nous donne ce détail dans sa lettre à Maxime [3].

Des florissantes cités de la Séquanie les invasions ne firent que des

(1) *Mémoires historiques de la république séquanoise,* éd. Duvernoy, p. 39.
(2) *D. Magni Ausonii Burdigalensis opera,* éd. de 1612, p. 239.
(3) Lettre 38ᵉ de Julien, au philosophe Maxime.

monceaux de ruines. A part quelques archéologues, qui a conservé
le souvenir de l'antique Epomanduodurum, le petit village actuel de
Mandeure? Personne. C'est dans nos monastères et dans de rares
églises que devait désormais se réfugier la science, bannie du reste de
la province.

Deux religieux d'Ainay, Romain et Lupicin, avaient quitté les bords
riants du Rhône et de la Saône pour fonder dans les gorges sauvages
du Jura, où s'élève la ville de Saint-Claude, Condat, et non loin de là,
dans la montagne, Lauconne (1). Avec le défrichement des terres et
la prière, l'étude faisait partie des occupations des moines qui s'étaient
peu à peu groupés autour d'eux. Une école avait été établie à Condat,
sans doute dès l'origine. Elle existait certainement depuis 455 au
moins. A cette époque, quand saint Oyand, dont le nom devait, plus
tard, être donné à Condat, y vint à l'âge de sept ans, elle avait pour
maître saint Minase, et on y instruisait les jeunes moines dans la connaissance du grec et du latin (2). Saint Oyand passe pour avoir fait
dans ces deux langues de grands progrès, et il paraît avoir eu tant de
goût pour le grec qu'il s'y livrait encore à l'âge de soixante ans (3).

Dans le principe, l'enseignement ne devait pas différer essentielle-
ment de ce qu'il était à Ainay (4) ou, pour mieux dire, dans les écoles
de Lyon; en d'autres termes, il comprenait ce qu'il fut plus tard con-
venu d'appeler les sept arts libéraux : la grammaire, la dialectique,
la rhétorique, la géométrie, l'arithmétique, l'astronomie et la musique, puis l'Écriture sainte et la patristique. Mais le tout était réduit
à de modestes proportions. Il ne faut pas oublier qu'au moyen âge
les moines et les clercs étaient obligés de copier les livres qui étaient
à leur usage. Le temps qu'ils auraient pu consacrer à l'étude s'en
trouvait ainsi sensiblement réduit.

De même que Minase, saint Viventiole, qui mourut en 517 archevêque de Lyon, fit, par sa science, honneur à l'école de Condat, qu'il
dirigea après saint Oyand, devenu abbé. Elle comptait, dit-on, jusqu'à
quatre cents élèves. Ce nombre a sans doute été exagéré. Mais il n'en
est pas moins certain qu'elle fut florissante, grâce à Viventiole, dont

(1) Actuellement Saint-Lupicin.
(2) *Histoire littéraire de la France*, t. III, p. 31.
(3) *Ibid.*, Bollandistes, *Acta sanctorum*, Vita S. Eugendi, 1er janvier, t. I, 49.
(4) L'abbaye d'Ainay était dans le quartier actuel de Perrache.

la réputation comme savant a été louée par Agobard, un de ses successeurs sur le siège de Lyon (1). De son temps, les écoliers et les moines se livraient aussi à des travaux manuels. Saint Avit, évêque de Vienne, à qui il avait envoyé un fauteuil fait au monastère, le remerciait en lui écrivant que la beauté des ouvrages que l'on y fabriquait attirait les désirs des hommes vers cette solitude (2).

A cette période de prospérité, qui dura près de trois quarts de siècle, en succéda une autre pendant laquelle l'étude semble avoir tenu une moindre place dans les préoccupations des abbés. L'incendie du monastère, vers l'an 500, marqua comme un temps d'arrêt dans la vie intellectuelle des cénobites de Condat. Le nom de Pragmace, l'auteur d'une chronique des premiers abbés du Jura et de ceux d'Agaune, est le seul qui, jusqu'au v111e siècle, ait mérité de survivre à l'oubli.

Mais la science avait trouvé un abri à l'autre extrémité de notre province, dans le monastère fondé par saint Colomban en 590 et qui devait occuper longtemps une place hors de pair dans le monde chrétien (3). Colomban s'occupa lui-même du soin d'y faire fleurir d'abord les études sacrées, sans en exclure absolument les études profanes, dans la mesure où elles se conciliaient avec les exigences de la vie religieuse. Quand Luxeuil eut atteint un certain développement, son fondateur chargea un de ses moines, saint Eustaise, de diriger l'école. « On y vit affluer, a dit de Montalembert, les clercs et les moines « des autres monastères, et bien plus nombreux encore, les fils des « plus nobles races franques et bourguignonnes. Lyon, Autun, Langres, Strasbourg et les autres cités de la Gaule et de l'Allemagne y « envoyaient leur jeunesse laïque ; les pères eux-mêmes y venaient « en foule étudier avec leurs enfants (4). »

Il y avait à Luxeuil deux écoles : l'une dite *interior, claustralis*, et l'autre *exterior*. La première était sans doute pour les jeunes moines et pour les oblats ou enfants qui étaient offerts au monastère par leurs parents.

(1) *Histoire littéraire*...., t. III, p. 92-95.
(2) Lettre 17.
(3) Tous les renseignements sur Luxeuil sont tirés des *Annales O. S. B.*, de l'*Histoire littéraire*, des *Vies des saints de Franche-Comté*, de l'*Histoire des diocèses de Besançon et de Saint-Claude*, par l'abbé Richard, etc.
(4) *Les moines d'Occident*, t. II, p. 552.

De cette véritable ruche monastique sortit tout un essaim de religieux qui allèrent, souvent au loin, établir les institutions de Luxeuil : saint Gall, fondateur de la célèbre abbaye à laquelle il devait attacher son nom ; saint Desle à Lure ; saint Lua, qui, selon saint Bernard, donna naissance à cent monastères en Irlande ; Sigisbert à Disentis, Léobard à Maurmunster ; saint Valery à Leuconaus ; saint Ursanne, qui se fixa sur les bords du Doubs ; saint Bertulfe et saint Babolein à Bobio, sans parler de Ragnachaire, évêque d'Augst ou de Bâle, d'Ermenfroid, évêque de Verdun, etc. La génération suivante produisit des hommes comme Cagnoald, évêque de Laon ; saint Achaire, évêque de Noyon et de Tournai ; saint Amé et saint Romaric, abbés de Remiremont ; saint Wandelin, fondateur de Bèze ; saint Agile, de Rebais, et saint Donat, évêque de Besançon.

Sous le gouvernement de saint Walbert, l'organisation de l'école est légèrement modifiée. Les religieux qui se livrent aux études sacrées forment une catégorie a part ; une seconde comprend les enfants qui se destinent à l'Église et peuvent y être admis dès l'âge de sept ans, ainsi qu'on le voit dans la vie de saint Donat ; enfin les étrangers continuent à suivre les cours de l'école *exterior*. Pendant cette période, également prospère, Luxeuil continue à fournir des abbés aux monastères existant déjà, des fondateurs à d'autres, à tous des modèles dont s'inspireront saint Éloi pour Solignac, Conon, abbé de Lérins, etc. Sainte Bathilde confie l'administration de Corbie à un religieux de Luxeuil, Thieffroy. Ce coin de notre province était donc, pendant cette époque de barbarie, un foyer d'intense civilisation dont les bienfaits se répandaient sur toute l'Europe chrétienne. Aussi un hagiographe de saint Berchaire, dans un élan d'admiration pour Luxeuil, s'écriait-il : « Quelle est la ville ou l'abbaye qui ne s'honore « d'y chercher un évêque ou un abbé [1]? »

* *

Écoles de Besançon. — Saint-Oyand. — Luxeuil. — Baume-les-Moines.

Auprès de celles de Condat et de Luxeuil, les écoles capitulaires de Besançon font bien triste figure. Il est permis de supposer qu'elles

---

[1] *Acta SS.*, Vita S. Bercharii, 16 octobre, t. VII, p. 1012.

ont eu une existence régulière, mais elles n'ont pas d'histoire. C'est dans le Rituel de l'évêque saint Prothade, mort en 620, qu'il faut en chercher les faibles traces parvenues jusqu'à nous. Ce document liturgique nous apprend qu'il y avait, dans les deux cathédrales de Saint-Jean et de Saint-Étienne, une *schola cantorum*, que l'on peut assimiler jusqu'à un certain point aux maîtrises actuelles. Ce devaient être aussi en même temps comme les séminaires où se recrutait le clergé bisontin. La principale fonction des élèves de la *schola cantorum* semble avoir été d'assister les prêtres dans la célébration des offices.

Donat, successeur de Prothade, avait été, je viens de le dire, oblat de Luxeuil. Devenu évêque de Besançon, il dut y apporter au moins quelques-unes des traditions du monastère où s'étaient écoulées son enfance et une partie de sa jeunesse. Il composa une regle pour ses clercs de Saint-Étienne et de Saint-Paul. Plusieurs chapitres concernent les études. L'un d'eux précise les droits et les devoirs des maîtres et des élèves. Si le respect est recommandé à ceux-ci, ceux-là doivent répondre de leur instruction ; si un maître s'est absenté sans se faire remplacer, l'élève va trouver l'abbé pour qu'il charge quelqu'un de le suppléer.

La récitation des leçons avait lieu avant le repas. Quiconque ne les savait pas était condamné au jeûne jusqu'au lendemain. A Luxeuil, on ajoutait à cette punition le silence, qui était appelé *superpositio*.

Ne se livrait pas qui voulait à l'étude des lettres ou d'un art quelconque : il fallait y être autorisé ou désigné spécialement par un des supérieurs. Enfin il était interdit d'enseigner en cachette. Dans sa règle, saint Donat nous apprend qu'il professait lui-même, tous les jours, les lettres sacrées. Diverses proscriptions sont relatives à la lecture des Pères, au chant et à la psalmodie [1].

Saint Claude II, avant d'être évêque de Besançon, avait été moine et abbé de Condat, qui s'appelait alors Saint-Oyand, en attendant que son propre nom fût substitué à ce dernier. Il se préoccupa de maintenir l'étude des lettres dans ses écoles, de même qu'un de ses successeurs Abbon, qui, dans le même but, s'était associé Adon, abbé de Luxeuil [2].

---

(1) *Vies des saints de Franche-Comté*. t. I. *Preuves*. nº VII. p. 589-590.
(2) *Mémoires de la Société d'émulation du Doubs*, 1867, p. 111.

Vers 730, Marin est à la tête de l'école de Saint-Oyand. Un de ses successeurs, mais à cent ans d'intervalle, fut le célèbre Mannon, dont la réputation de science était telle qu'il fut chargé par Charles le Chauve, en 875 ou environ, de diriger l'école palatine à la place de Jean Scot. Il occupa ces fonctions jusqu'à la mort de Louis le Bègue, après quoi il revint à Saint-Oyand, où il finit ses jours, en 880 [1]. Mannon avait recueilli, sinon écrit de sa main, un certain nombre de manuscrits précieux qui sont conservés à la Bibliothèque nationale, à Troyes, à Montpellier, à Saint-Claude et aux archives du Jura. Ils se reconnaissent à cette mention caractéristique : *Voto bone memorie Mannonis liber, ad sepulchrum sancti Eugendi oblatus.* Il emporta avec lui dans la tombe cet amour de la science qui avait, pendant quatre cents ans, fait l'honneur de Condat et de Saint-Oyand. Après lui, le peu d'activité intellectuelle qui s'y manifesta ne se traduisit guère que par la transcription des manuscrits.

Vers 732 encore, Luxeuil fut ruiné et l'abbé Mellin massacré avec une partie de ses religieux. « Ainsi, a pu dire dom Grappin, le dernier « représentant marquant de cette abbaye, ainsi sembla rentrer dans le « néant l'école de toutes les sciences, l'académie des grands hommes, « le modèle de tous les monastères de France [2]. » Mais l'école de Luxeuil renaquit de ses cendres, sous l'abbatiat d'Anségise, qui fut en grande faveur auprès de Charlemagne, dont il colligea les Capitulaires [3]. Angelome, moine de Luxeuil, y avait fait de solides études auprès de maîtres savants, à la science desquels il rend hommage dans ses livres. Disciple d'Amalaire, successeur d'Alcuin à l'école du palais, sous l'empereur Lothaire, il y fut, à son tour, chargé de l'enseignement de l'Écriture sainte. Puis, comme devait plus tard l'être Mannon, pris de la nostalgie de nos montagnes, il revint à Luxeuil diriger l'école de son monastère. où il mourut en 854, laissant la réputation d'un des hommes les plus érudits de son temps [4].

A la fin du IX° siècle ou au commencement du X°, les études sont

(1) *Histoire littéraire....*, t. IV, p. 225 et 246, et t. V, p. 657-658; *Vies des saints de Franche-Comté*, t. III, p. 330-331, etc.

(2) *Histoire de l'abbaye royale de Luxeu*, ms. de la bibliothèque de Besançon (fonds de l'Académie), fol. 169.

(3) Vita S Ansegisi, dans *Acta SS. O. S. B.*, t. VI, p. 631.

(4) *Histoire littéraire.* .., t. V, p. 133-135; *Vies des saints de Franche-Comté*, t. II, p. 456-463.

encore cultivées avec succès à Luxeuil. Le moine Adson, en même temps philosophe, théologien et poète, y a été élevé; c'est lui qui nous l'apprend. On n'est pas peu surpris de voir Pythagore figurer parmi les auteurs dont il s'occupa; ce fut peut-être moins de la philosophie pythagoricienne que de son arithmétique ou de son astronomie. Gerbert parle de sa riche bibliothèque. Adson devint écolâtre de Saint-Epvre de Toul et abbé de Montier-en-Der. Il mourut en 992 [1].

Luxeuil avait, à peu près en ce même temps, pour écolâtre Constance, mathématicien, philosophe et orateur. Il est appelé, par ses biographes, *magister magistrorum, doctor doctissimus*. Ses leçons attiraient autour de sa chaire de nombreux auditeurs, parmi lesquels Thierry, frère de la reine Cunégonde et futur évêque de Metz; Videlon, fondateur de l'école de Saint-Clément do Metz, et le moine Gudin, qui nous a laissé en vers l'éloge de son maître, mort en 1014 ou 1015. Il fut la dernière gloire littéraire de Luxeuil [2].

L'abbaye de Baume-les-Moines eut aussi de bonne heure son école. L'origine en est incertaine. L'historien de ce monastère, notre compatriote M. Bernard Prost, pense qu'on peut en attribuer la fondation à l'abbé Eutice, mort vers 855. Mais il n'en est fait mention pour la première fois que dans la vie de saint Bernon, fondateur de Cluny, en 890. Encore s'agit-il d'un simple règlement qui détermine les devoirs de l'écolâtre et des élèves. Un des écolâtres, dont le nom nous est parvenu, est Odon, qui fut le second abbé de Cluny et qui passe, non sans raison, pour avoir été un des hommes les plus éclairés de son temps. Il avait étudié à Saint-Martin de Tours, puis à Paris sous Remi d'Auxerre. Tout ce que nous savons de son administration comme écolâtre, c'est qu'il fut une fois frappé d'excommunication claustrale pour n'avoir pas, ainsi que le prescrivait la règle, accompagné avec un flambeau un de ses élèves qui avait à sortir du dortoir pendant la nuit [3].

Nous est-il parvenu, pour la période antérieure à l'an 1000, des manuscrits d'études à proprement parler? Je n'en connais qu'un; encore est-il considéré comme étant du xi° siècle; c'est le manuscrit n° 2

(1) *Histoire littéraire....*, t. VI, p. 473.
(2) *Ibid.*, t. VI, p. 43; *Recueil des historiens de France*, t. X, col. 325.
(3) *Vies des saints de Franche-Comté*, t. III, p. 524; B. Prost, *Essai historique sur les origines de l'abbaye de Baume-les-Moines*, p. 77 et suiv.

de la bibliothèque de Saint-Claude. Il contient des traités grammaticaux de Donat et de Priscien, les auteurs les plus en vogue au moyen âge ; les Distiques de Denis Caton ; un abrégé en vers latins, par le pseudo-Pindare, de l'*Iliade* d'Homère ; enfin l'*Art poétique* et douze satires d'Horace. Ceci prouve que l'étude des chefs-d'œuvre de l'antiquité n'était pas absolument proscrite dans les écoles monastiques [1]. Des fragments d'un catalogue des manuscrits de Saint-Oyand, de la fin du xie siècle, révélés par mon ami M. Jules Gauthier, archiviste du Doubs, ne peuvent nous fournir que peu d'indications à cet égard. Des cent quinze manuscrits que l'abbaye possédait alors, il ne reste que la mention du contenu de dix-huit seulement. On y voit figurer Juvénal, Horace, Claudien, les fables d'Avianus, les Distiques de Denis Caton. Le reste se compose d'ouvrages d'auteurs chrétiens [2].

Outre les manuscrits ayant appartenu à Mannon et dont j'ai dit un mot plus haut, je mentionnerai, parmi les productions calligraphiques de Saint-Oyand antérieures à l'an 1000, le remarquable Évangéliaire, plus connu sous le nom d'Apocalypse, que le conseil municipal de Saint-Lupicin, qui, au moment de la Révolution, avait repris l'antique nom de Lauconne, céda à la Bibliothèque nationale en vertu d'une délibération du 21 août 1794. Ce manuscrit, un des joyaux de notre grand dépôt de la rue Richelieu, est sur vélin pourpré en lettres d'argent. Généralement considéré comme remontant au début du ixe siècle, il a mérité d'être signalé dans le *Voyage littéraire de deux Bénédictins*. Ce qui fait surtout le prix de ce volume, c'est sa couverture en ivoire sculpté, dont le plat du recto est consacré à l'histoire du Christ et celui du verso à l'histoire de la Vierge. M. Henri Bordier a bien voulu autrefois le décrire en détail dans mon *Inventaire des manuscrits relatifs à la Franche-Comté qui sont conservés dans les bibliothèques de Paris* [3]. Il ne serait pas téméraire de voir dans cette œuvre, grossière à la vérité et que M. Bordier croit pouvoir être assignée au ixe ou au xe siècle, une production de l'abbaye de Saint-Oyand, où, comme je l'ai dit, les moines se livraient aux tra-

(1) Manuscrits de la bibliothèque de Saint-Claude, par Jules Gauthier, p. 139, dans le t. XXI du *Catalogue général des manuscrits*.

(2) Publié dans le *Cabinet des manuscrits de la Bibliothèque nationale*, par M. L. Delisle, t. III, p. 385-387.

(3) P. 284-296.

vaux manuels, créateurs ainsi d'une industrie qui a, de nos jours, assuré à la ville de Saint-Claude une légitime réputation.

Je ne dois pas non plus passer sous silence le précieux Lectionnaire de l'an 650, découvert par Mabillon à Luxeuil et publié par lui en 1685 sous le titre de *De liturgia gallicana libri tres.* Il est un des trésors de la Bibliothèque nationale (1).

N'y eut-il, pendant ces six siècles, d'écoles qu'à Besançon, Condat ou Saint-Oyand, Luxeuil et Baume? De ce que je n'ai pas trouvé de documents en concernant d'autres, de ce qu'il n'en existe pas, je puis l'affirmer hardiment, il ne faudrait pas le conclure. Il est même certain que l'instruction fut, ainsi que l'exigeait la règle de saint Benoît, donnée, plus ou moins, dans les monastères un peu importants. Au lendemain de la Révolution, avant la réouverture ou l'établissement des séminaires, il se fonda de petites écoles ecclésiastiques qui ne laisseront pas dans l'histoire de l'enseignement public au commencement de ce siècle une trace bien lumineuse. Il en est cependant qui ont rendu de réels services et ont fourni d'excellents élèves. Il ne dut pas en être autrement au moyen âge dans nombre d'abbayes et de prieurés.

* *

Écoles de Besançon. — Université de Gray. — Collège de Bourgogne.

Il faut descendre jusque vers la fin de la première moitié du XIᵉ siècle pour retrouver des renseignements sur les écoles de Besançon. L'archevêque Hugues Iᵉʳ, qui a mérité d'être appelé le Grand par ses contemporains, les revivifia, comme il restaura une partie de la ville ruinée et comme il réforma les mœurs de son clergé. Il semble avoir été le fondateur de l'école de Sainte-Madeleine, laquelle a laissé son nom à la rue parallèle à la rue d'Arènes. A la tête de chacune d'elles était un chanoine, qui était désigné sous les noms de *scholasticus, doctor scholarum, magister* ou *rector scholarum,* d'écolâtre. Il avait généralement pour adjoint un clerc.

Dans le Directoire qu'il rédigea d'après la règle de saint Chrodegang, à l'usage des chanoines, des prêtres et des clercs de son diocèse, il n'oublie pas les élèves des *scholæ cantorum.* Il recommande

(1) *Ibid.,* p. 274-283.

aux chefs des églises de veiller soigneusement à l'éducation morale des enfants et de les confier à des maîtres d'une vertu éprouvée, qui non seulement les instruisent, mais encore soient les témoins de leur vie. Toute négligence dans la surveillance était punie avec la plus grande sévérité, même par la suspension de l'emploi. Pendant les heures des leçons, des anciens devaient y assister pour que les écolâtres ne fussent pas exposés à être entraînés à la paresse ou à des futilités (1).

Le but de ces écoles, le prélat le répète, était de fournir des prêtres aux églises ; tout, dans l'enseignement, y tendait, et l'étude des arts libéraux n'en était que la préparation. Comme celles de Besançon étaient ouvertes à tous les enfants du diocèse, elles étaient fréquentées de préférence par les fils des grands seigneurs comtois, qui étaient assurés d'être pourvus, dans un délai plus ou moins long, d'un canonicat et même d'arriver à occuper le siège archiépiscopal. Beaucoup d'entre eux aimeront plus tard à rappeler qu'ils ont été élevés dans ces écoles. Tel Calixte II, devenu pape (2); tel l'archevêque Humbert de la Tour-Saint-Quentin, qui, en 1147, faisant une donation à la cathédrale Saint-Jean, dit que cette église « l'a nourri du lait de ses « bienfaits quand il était enfant, qu'elle l'a placé sur sa chaire archié- « piscopale quand il est arrivé à l'âge mûr et qu'il le soutient dans « sa vieillesse avec le bâton d'une compassion miséricordieuse (3). » En 1189, l'archevêque Thierry de Montfaucon, qui inventa au siège de Ptolémaïs (1191) un bélier cuirassé dont un auteur contemporain a célébré la merveilleuse structure, fondait son anniversaire dans l'église de Saint-Étienne, « qui l'a nourri dès son berceau comme une « tendre mère (4). » L'archevêque Gérard de Rougemont, également en fondant son anniversaire en 1222, déclare qu'il avait été élevé dès son enfance dans l'église Saint-Étienne (5). Comme les chanoines de cette église et ceux de Saint-Jean avaient le privilège de conférer par

---

(1) *Spicilegium* de d'Achery, t. II, p. 239; *Vies des saints de Franche-Comté*, t. I, p. 339-340; Richard, *Histoire des diocèses de Besançon et de Saint-Claude*, t. I, p. 243-245.

(2) Bulle du 10 novembre 1121 à l'archevêque Anseric.

(3) Archives du Chapitre, année 1147.

(4) *Ibid.*, année 1189.

(5) *Ibid.*, année 1222 (sans cote en 1869); Richard, *Histoire des diocèses de Besançon et de Saint-Claude*, t. I, p. 466.

voie d'élection la dignité archiépiscopale, les écoles des deux cathédrales étaient assurées d'avoir toujours une clientèle de candidats
pour l'une et l'autre fonction.

Hugues Ier réussit si bien dans son œuvre de réorganisation des
écoles que, quand Pierre Damien, évêque d'Ostie et légat du pape,
vint à Besançon, il fut émerveillé de ce qu'il avait vu. Parlant des
écoles, il dit qu'elles « peuvent être comparées au gymnase de la cé-
« leste Athènes, parce qu'on y enseigne avec autant d'éclat que de
« succès les saintes lettres et les principes d'une sage philosophie. »
Ce témoignage, de la part d'un censeur si sévère des mœurs et de
l'ignorance de son temps, n'est pas suspect [1].

Les noms de quelques-uns des écolâtres des différentes églises, à
la fin du xie siècle, sont parvenus jusqu'à nous. Le plus ancien en
date est Bernard, qui enseignait à Saint-Étienne. Il est mentionné ou
figure comme témoin dans des documents de 1070, de 1081, de 1092
et de 1111 [2], à moins que, pour cette dernière date, il ne s'agisse
d'un autre écolâtre, son homonyme. En cette même année 1111,
Renaud dirigeait l'école de Sainte-Madeleine [3]. Richard, son successeur, est cité dans une charte de 1123 [4]. En 1131, 1133 et 1134,
Zacharie, dit le Chrysopolitain, surnom qui provient de Chrysopolis,
dénomination parfois donnée à Besançon à cette période du moyen
âge, était écolâtre de Saint-Jean. Dans le document de 1131, il a la
qualité de *doctor scholarum;* dans ceux de 1133 et 1134, celle de *magister scholarum S. Joannis Evangelistæ.* Celui-ci est aussi souscrit
par Gerland, le fameux écolâtre de Saint-Paul. Zacharie est très connu
par sa Concorde des évangiles ou *In unum ex quatuor* [5]. La *Candela
juris* de Gerland, ses traités du comput, d'arithmétique, de dialectique et de musique, conservés dans plusieurs manuscrits des bibliothèques de France et même de l'étranger, sont certainement le recueil
ou le résumé de ses leçons à Saint-Paul [6].

(1) *Opera S. Petri Damiani,* l. III, cap. v, ep. 8.

(2) Ms. 866 de la collection Moreau à la Bibliothèque nationale, fol. 442, 448 v°
et 465, et *Gallia christiana,* t. XV, *Instrum.,* col. 15 et 19.

(3) Dom Grappin, *Histoire abrégée du comté de Bourgogne,* p. 146.

(4) Ms. 876 de la collection Moreau, fol. 95.

(5) *Histoire littéraire.....* t. XII, p. 484-486; mon article dans la *Bibliothèque de l'École des chartes,* t. XXXIV, p. 580-582.

(6) *Histoire littéraire....,* t. XII, p. 275-279, etc.

En 1223, les Dominicains s'établirent à Besançon. D'après un rapport publié contre les Jésuites à la fin du xviiᵉ siècle, on n'y étudiait plus alors la philosophie. Ils en inaugurèrent l'enseignement vers 1240[1]. Leur méthode était uniforme pour toutes les maisons de l'ordre. Comme elle ne se rapporte qu'incidemment à mon sujet, je me bornerai à renvoyer à l'ouvrage de l'abbé Douais sur ce sujet. Un des lecteurs du couvent de Besançon, Gérard, a eu une certaine notoriété qu'il doit à une consultation théologique demandée à saint Thomas d'Aquin. Sauf la dernière question, cette consultation est d'une bizarrerie qui frise le ridicule. En voici le sommaire : 1° L'étoile qui apparut aux mages avait-elle la forme d'une croix ? 2° Ou ressemblait-elle à un homme ? 3° Ou représentait-elle le crucifix ? 4° La main de l'enfant Jésus a-t-elle créé les étoiles ? 5° La Vierge Marie méditait-elle sept fois le jour ces paroles du vieillard Siméon : *Tuam ipsius animam pertransibit gladius* ? 6° Doit-on confesser les circonstances aggravantes du péché et faire connaître avec qui on a péché [2] ? Mais le couvent des Dominicains ne produisit pas que des hommes de cette valeur. Étienne de Besançon et Pierre de Baume, qui devinrent tous deux généraux de l'ordre, à la fin du xiiiᵉ siècle et au milieu du xivᵉ siècle, lui firent plus honneur par leur science. Leurs œuvres ont eu une réputation relative au moyen âge.

La réunion des chapitres de Saint-Jean et de Saint-Étienne, en 1253, par le cardinal Hugues de Saint-Cher, entraîna la suppression de l'écolâtre de cette dernière église [3]. Le premier écolâtre des deux chapitres réunis fut Pierre de Vaugrenans, mort en 1269. Il n'y eut, à part cela, rien de changé en ce qui concerne les clercs inférieurs et les écoliers, qui continuèrent à y résider, même après la suppression de la vie commune pour les chanoines. La fondation de l'hôpital Sainte-Brigitte leur assura des soins en cas de maladie.

Une décision du pape, de l'année 1251, stipula que le Chapitre ne serait pas tenu de recevoir dans les écoles les enfants de ceux qui auraient tenté de s'emparer de ses biens ou de ses revenus. Cette

---

(1) Droz, *Histoire du collège de Besançon*, p. 66.
(2) Cette consultation est imprimée.
(3) Richard, *Histoire des diocèses de Besançon et de Saint-Claude*, t. I, p. 515 ; Chifflet, *Vesontio*, 2ᵉ part., p. 273.

mesure était prise dans le but de prévenir les conflits provoqués par l'hostilité de la commune contre les archevêques.

Aymon de Saint-Seine était écolâtre en 1279, Philippe de Verchamp en 1303, et Philippe de Scey en 1305 (1).

A la date de 1315, on trouve dans les statuts de l'église de Sainte-Madeleine un article relatif à la nomination du recteur des écoles dépendant de cette collégiale. Il nous apprend que le chanoine préposé à la direction de l'enseignement était nommé le mardi de l'octave de Pâques, pour entrer en charge à la Saint-Jean jusqu'à la Saint-Jean de l'année suivante. Cette collégiale était réputée pour la beauté du chant des offices. Le plain-chant et la musique y étaient particulièrement cultivés. En 1321, l'archevêque Vital, afin de les encourager, déclara qu'il réservait la plupart des bénéfices aux ecclésiastiques pourvus d'une belle voix (2).

Cette sollicitude pour l'instruction, nous ne la trouvons pas seulement chez les archevêques, nous la trouverons dans toutes les classes de la société comtoise. Car, quoi qu'on en ait dit, le moyen âge n'a pas été absolument une époque de barbarie et d'ignorance, et la science ne s'était pas seulement réfugiée dans les cloîtres, ainsi qu'on le croit. L'*Histoire littéraire de la France* est là pour l'attester. Notre premier poète, Jean Priorat († vers 1288), dont j'ai eu l'honneur et le bonheur de mettre en lumière l'œuvre, le plus ancien monument de notre littérature locale, était citoyen de Besançon (3).

Je n'irai pas, avec quelques-uns de nos historiens, jusqu'à prétendre que l'empereur Frédéric Barberousse, devenu souverain de notre comté par son mariage avec Béatrix, fonda des écoles à Besançon. Ce doit être relégué au nombre des légendes, aussi bien que la Cour d'amour ou Académie de trouvères qu'il aurait établie à Dole. Ces trouvères, je le regrette pour la gloire littéraire de notre province, sont encore à trouver. Ce qui est vrai, c'est qu'Othon IV, comte palatin de Bourgogne, qui avait été le protecteur de Priorat, voulut, par lettres patentes données à Paris au mois de juillet 1287, fonder à Gray une Université. Il en nommait le recteur, Guy

(1) Ms. 865 de la collection Moreau, fol. 503.
(2) Ms. 876 de la collection Moreau, fol. 372.
(3) Son poème *Li abréjance de chevalerie* vient de paraître à la librairie Didot, dans la Collection des *Anciens textes français*.

de Gy, de l'ordre des frères Mineurs. Le couvent de Cordeliers qu'il venait d'appeler à Gray devait, dans sa pensée, fournir, presque sans frais, ses premiers maîtres. Quelques jours après, le 12 août, il édictait des prescriptions relatives à la nouvelle « étude « générale, » comme il l'appelle, « de maîtres et d'écoliers en toutes « sortes de sciences et de facultés licites. » Il ordonnait, entre autres choses, qu'on leur fournît le logement et la nourriture à un prix raisonnable. Les clercs qui viendraient des pays étrangers pour étudier seraient exemptés de tailles, d'exactions, de gardes, de milices et de chevauchées. Les franchises les plus étendues étaient accordées non seulement aux maîtres et aux écoliers, mais encore au nombreux personnel qu'on espérait voir affluer de ce fait à Gray : libraires, scribes, relieurs, parcheminiers, marchands, appariteurs ou bedeaux, serviteurs même (1). Mais alors, comme aujourd'hui, il ne s'agissait pas, pour lui assurer la vie, de décréter la création d'une Université ; il ne suffisait pas de nommer un recteur et des maîtres et de leur assurer des privilèges ; il fallait avant tout y attirer des étudiants. C'est précisément ce qui manqua à Gray. Si le pape Nicolas IV en reconnaissait l'institution régulière par une bulle de 1291, un de ses successeurs, Martin V, qui autorisa, cent vingt-cinq ans plus tard, la création de celle de Dole, était obligé de reconnaître qu'elle n'avait jamais fonctionné : « *Studium generale*, dit-il, *nondum tamen ibi* « *incœptum.* » Le recteur Guy de Gy eut une consolation dans le titre d'évêque de Saint-Jean de Jérusalem (2).

La généreuse pensée d'Othon IV fut reprise sous une autre forme par la comtesse Jeanne, fille de Philippe le Long et de la reine Jeanne. Cette princesse, après avoir constaté l'impossibilité qu'il y avait alors d'établir en Franche-Comté une Université viable, fonda à Paris, en 1331, sous le nom de collège de Bourgogne, et le dota richement, un établissement destiné à recevoir ceux de ses jeunes compatriotes qui voulaient se livrer aux hautes études. Leur nombre

---

(1) Gatin et Besson, *Histoire de la ville de Gray et de ses monuments*, p. 25 et 26 ; Crestin, *Recherches sur Gray*, p. 16 ; Beaune et d'Arbaumont, *les Universités franc-comtoises*, p. VIII-XVII.

(2) J'ai eu le regret de constater, il y a quelques années, que la charte d'Othon, qui figure cependant dans un inventaire relativement récent, avait disparu des archives municipales de Gray.

s'élevait à vingt. Dans les Testaments de l'Officialité de Besançon, j'ai trouvé l'indication de trois legs faits à ce collège, dont l'un, par Jean de Saint-Maurice, chanoine de Besançon et curé de Gray, avait pour objet d'augmenter les bourses des élèves, « *causa restitu-* « *cionis et remuneracionis bonorum a dicta domo per me habitorum* « *et receptorum* » (1376) (1).

Il n'est pas hors de propos de rappeler ici que les bienfaits de cette fondation s'étendirent aux étudiants franc-comtois jusqu'à la Révolution. Lors de l'expropriation, en 1774, des bâtiments du collège de Bourgogne pour l'Académie royale de chirurgie de Paris, la municipalité de Besançon donna à l'abbé Guillaume, le fameux historien des sires de Salins, et à l'avocat Flusin, pouvoir de sauvegarder les droits de la province en ce qui concernait les bourses affectées au collège. L'abbé Guillaume, qui habitait alors Paris, rédigea un mémoire à ce sujet. Le résultat de ces démarches fut le maintien au collège Louis-le-Grand de quinze bourses annuelles de 360 livres chacune (2).

C'est encore aux Testaments que j'emprunterai en grande partie la preuve que nos pères ne se désintéressaient pas complètement de l'instruction de la jeunesse. Si le sort des choriaux, élèves des *scholæ cantorum*, était assuré par la part qu'ils recevaient dans la mense canoniale, c'est-à-dire dans la portion des biens ecclésiastiques destinés à l'entretien du clergé et des serviteurs des églises, il n'en était pas toujours de même pour les enfants de la ville qui étaient admis dans les écoles. Un curieux document de 1223 nous apprend que, selon un usage qui n'était pas seulement particulier à Besançon, les écoliers allaient mendier leur pain de porte en porte. Cet usage donna lieu à un incident qui fit alors grand bruit. Les chanoines de Saint-Jean et de Saint-Étienne étaient en lutte pour la primauté des deux églises, lesquelles, jusqu'à une période assez avancée du moyen âge, avaient le titre de cathédrales. Les *scholares* avaient pris fait et cause pour leurs maîtres respectifs. Or, lorsque ceux de Saint-Étienne, leur provision faite, passaient par la Porte Noire pour monter jusqu'au ro-

---

(1) Mes Testaments de l'Officialité seront, je l'espère, prochainement mis sous presse.

(2) Castan, *Notes sur l'histoire municipale de Besançon*, p. 373 et 374.

cher sur lequel s'élevait l'église, ceux de Saint-Jean ne manquaient pas de les accueillir à coups de pierres et de les maltraiter de toute sorte de façons. Il en résultait parfois de graves accidents, qui forcèrent les chanoines de Saint-Étienne de se plaindre au pape. Honorius III réprimanda l'archevêque Gérard de Rougemont de tolérer de pareils désordres et excommunia tous ceux qui, à l'avenir, molesteraient les écoliers et les empêcheraient de quêter dans le Chapitre et en ville (1223 et 1224) [1]. A l'entretien des enfants il fallait aussi joindre celui des maîtres. En 1312, l'archevêque, pour venir en aide aux chanoines, qui semblent avoir été fort gênés parfois, dut accorder pour les recteurs une subvention de 100 livres estevenantes.

Ce ne sont pas seulement les nobles qui, comme les de Vienne, les Mouchet ou les de Beaumotte, font des legs à cette intention, mais je rencontre encore de simples citoyens, des bourgeois de Besançon, un curé de Gevingey, de bonnes femmes, parmi les bienfaiteurs des écoles. Depuis 1262, sans parler des écoles rurales, je trouve pour celles de Besançon dix mentions de dons faits aux « *primitivis scholarum* » de Saint-Jean, de Saint-Étienne et de Sainte-Madeleine. En retour de leurs libéralités, souvent modestes et qui ont pour but d'assurer du pain aux enfants, les testateurs demandent à ceux-ci de réciter pour eux quelques prières. Le plus important de ces legs est, outre celui de Jean Porcelet, dont j'aurai à m'occuper bientôt, celui de Berthod de Chalèze, qui laissa aux écoliers de Sainte-Madeleine 40 florins d'or, de façon que chacun d'eux eût 30 sous estevenants, somme assez élevée pour le temps (1359) [2].

Les écoliers avaient aussi quelques revenus leur appartenant en propre, comme, par exemple, la taille due par les habitants de Franois, laquelle se montait à vingt livres, plus quelques voitures de bois qu'ils devaient leur conduire. Le montant de ces rentes était perçu par les maîtres, qui les employaient à l'entretien, à l'habillement et à la nourriture de leurs élèves et en rendaient compte aux chanoines.

(1) Richard, *Histoire des diocèses de Besançon et de Saint-Claude*, p. 469; Archives du grand séminaire.
(2) Introduction aux Testaments de l'Officialité.

*
* *

Les écoles de Besançon jusqu'à la fin du moyen âge.

La situation des écoles de Besançon était, le plus souvent, en réalité assez précaire, et il suffisait d'un accident qui atteignît un peu gravement un des Chapitres, comme l'incendie de la cathédrale de Saint-Étienne et des maisons canoniales voisines (1349), pour que leur existence même fût menacée. C'est ce que comprit le chanoine Jean Porcelet, doyen de Sainte-Madeleine et trésorier du Chapitre métropolitain. En cette dernière qualité, il avait pu, mieux que tout autre, se rendre un compte exact des difficultés de leur entretien. Aussi, avant de mourir, voulut-il assurer le sort de ceux des écoliers dont l'utilité lui paraissait le plus évidente, les enfants de chœur. Par son testament du 2 août 1368, il léguait à l'église de Saint-Jean pour l'institution de six choriaux et d'un maître spécialement attaché à eux une somme de 500 florins d'or devant rapporter une rente de 120 livres. Cette dotation fut affectée à l'achat de quartiers sur le puits à muire de Salins (1).

La fondation de Jean Porcelet ne semble pas avoir donné de trop mauvais résultats, puisque, moins de vingt ans après, en 1387, le cardinal Thomas de Naples, venu à Besançon afin de réformer le Chapitre, jugeait bon d'établir à Saint-Étienne quatre choriaux. Ces derniers étaient à la nomination et à la révocation des chanoines, présidés par le doyen. Comme pour les choriaux de Saint-Jean, la pension assignée à chacun était de vingt livres par an, mais le capital de cette somme n'existant pas, il fut décidé que les frais de leur entretien et de celui du maître, qui devait être prêtre (2), seraient pris sur la première prébende qui serait vacante et, en attendant, fournis par un versement annuel de quatre-vingts livres, payables par le Chapitre, moitié à la Toussaint, moitié à la Pentecôte. Un tiers des collations et des réfections données aux chanoines à l'occasion de certaines fêtes était également prélevé à cet effet. En outre, les nouveaux chanoines faisaient au profit des choriaux une largesse qui devait être d'un florin au moins.

(1) *Ibid.*, ms. 865 de la collection Moreau, fol. 316.
(2) Dunod, *Histoire de l'église de Besançon*, t. I, Preuves, p. xxxvi.

Nous trouvons dans les règlements du cardinal de Naples les conditions exigées pour l'admission des enfants de chœur. Ils devaient être âgés de plus de sept ans et de moins de quinze, être présentés par leurs parents, qui affirmaient sous la foi du serment qu'ils étaient nés de légitime mariage, et s'engageaient à les laisser à la disposition du Chapitre jusqu'au jour où leur voix viendrait à changer. Puis les sous-chantres et les maîtres leur faisaient subir un examen sommaire, lequel avait principalement pour but de s'assurer de la beauté de leur voix. Une fois admis, les choriaux avaient la tête rasée, portaient la tonsure *juxta morem Ecclesie gallicane*, et ils endossaient la soutane rouge.

Les maîtres et les élèves étaient tenus de résider dans une maison canoniale, près de l'église à laquelle ils étaient attachés. Ils ne pouvaient s'absenter pendant un mois sans permission, sous peine de destitution. Dans les autres circonstances, l'exclusion n'avait lieu que pour des motifs très graves ; elle n'était prononcée qu'à l'unanimité des suffrages des quarante-cinq chanoines. A dix-sept ans, les choriaux obtenaient de droit une des chapelles vacantes dans chacune des deux cathédrales. A leur défaut, elles étaient accordées aux autres clercs qui avaient été élevés et instruits dans les écoles de ces deux églises [1].

Dès 1368, les choriaux formèrent le noyau permanent des écoles capitulaires. Au point de vue de l'instruction et de la discipline, ils étaient sous la direction de l'écolâtre, qui avait sous ses ordres le sous-chantre et les maîtres. Les délibérations du Chapitre du XIVe et du XVe siècle déterminent les qualités requises des écolâtres. On exige d'eux la connaissance des divines Écritures et celle des sciences profanes, l'astronomie, l'arithmétique, la géométrie, la musique, la rhétorique et la poésie. Les éléments de ces diverses sciences, qui constituaient le *trivium* et le *quadrivium*, étaient enseignés aux écoliers. Les choriaux cultivaient particulièrement le chant et la musique. La principale application de ce que l'on pourrait appeler l'enseignement scientifique consistait dans le comput ecclésiastique ; elle n'était pas inutile à une époque où, quand on voulait avoir un calendrier, il fallait sinon l'établir soi-même, au moins le copier.

(1) Archives du Doubs, fonds de l'archevêché, registre non coté (en 1889), p. 185-188.

Lorsqu'en raison de leur âge ils avaient cessé de faire partie des choriaux, ceux qui se destinaient à la carrière ecclésiastique, c'étaient la plupart, déposaient l'habit rouge pour revêtir la soutane, le surplis et l'aumusse grise des chapelains, car ils étaient dès lors titulaires d'une chapelle, puis, avant d'entrer dans les ordres à l'âge requis, ils étudiaient, avec les autres clercs, la philosophie et la théologie. Il arrivait bien de temps en temps que quelques-uns désertaient l'Église. Le Chapitre alors ne leur devait plus rien, mais des fondations permettaient aux plus pauvres d'entre eux d'aller, sans bourse délier, suivre les cours de droit ou de médecine dans les Universités de Paris, de Bologne ou de Pavie. A Paris, le collège de Bourgogne était, je l'ai dit, l'asile qui s'offrait tout naturellement aux jeunes Comtois ; ailleurs, le legs d'un chanoine, Philibert Pourtier, qui avait, dans cette intention, laissé un capital de 500 livres, permettait de disposer, pendant trois ans, de bourses de 30 francs en faveur d'étudiants peu fortunés. Il y eut plus tard d'autres fondations de ce genre, qui dénotent chez ceux qui les avaient faites autant de largeur d'esprit que de générosité. La création de l'Université de Dole, en 1422, devait, au point de vue des hautes études, donner à nos compatriotes toutes les facilités désirables. Aussi, dès cette époque, le Chapitre de Besançon décida-t-il que ceux qui avaient obtenu leurs grades dans les Universités devaient être mis sur le même rang que les nobles aspirant au canonicat, et que nul ne serait admis au nombre des chanoines s'il n'était noble ou maître ès arts, ou au moins bachelier en l'un et l'autre droit.

Les bibliothèques des Chapitres étaient accessibles aux écoliers. Les délibérations capitulaires nous ont conservé quelques-unes des dispositions qui les régissaient. Les manuscrits étaient enchaînés et ne devaient être communiqués au dehors sous aucun prétexte. La porte était ouverte et fermée par un surveillant nommé matriculaire, qui vérifiait si les livres qui avaient été consultés étaient en bon état (1).

L'étude n'était pas l'unique occupation des choriaux. Les cérémonies religieuses leur prenaient une partie de leur temps. Leurs fonctions ecclésiastiques leur procuraient certains petits avantages. Aux

(1) Statuts du Chapitre, 1387.

grandes fêtes, ils étaient de droit les hôtes de l'officiant, même de l'archevêque. Le repas qui leur était dû de ce fait pouvait être racheté pour la somme de trois livres. Ils participaient aussi à diverses redevances en nature fournies au Chapitre, comme par exemple à la distribution de petits pâtés d'agneau, à Pâques, des prunes précoces, du raisin nouveau et des cugnots ou pains au lait.

Cet usage donna lieu, le 28 juillet 1404, à un incident très vif, qui a conservé dans l'histoire locale la dénomination de *past des fèves*. De temps immémorial, l'anniversaire de la mort de l'archevêque Hugues Ier était célébré dans l'église Saint-Paul, où il avait sa sépulture. Le service religieux y était fait par le chapitre et les écoliers; un repas leur était ensuite servi aux frais du monastère. Cette année-là, l'abbé Henri de Fallerans, qui venait de perdre un procès contre les chanoines, résolut de se venger. Il s'en prit aux écoliers, au nombre d'une quarantaine, qui, déjà assis à table, attendaient impatiemment le repas, composé, comme d'habitude, de pain blanc, de fèves cuites au lard, de bœuf à l'ail, de gelée de riz, de porc rôti, de salade, de poires, de vin blanc et de vin rouge. Entrant furieux, avec deux de ses religieux, Jean de Matis et Jean Bassand, il se précipita sur les écoliers, en criant : « Sus ! de par le diable! sus! fuer! fuer! » bouscula, frappa et mit à la porte Geoffroy Roland et Hugues Sauvageot, de Salins, Jean Gomet, de Saint-Hippolyte, et Jacques Luresse, d'Arpenans. De leur côté, Jean de Matis et Jean Bassand tombèrent sur Jean Gasconnet, de Bouhans, Jean Debois et Pierre de Saunot. Les autres, pour n'être pas malmenés à leur tour, s'empressèrent de déguerpir, sans avoir goûté aux fèves au lard traditionnelles. A la suite de cette échauffourée, les chanoines voulurent faire un procès à l'abbé de Saint-Paul, qui reconnut être allé un peu trop loin (1). Il rétablit le repas, qui se continua sans interruption jusqu'en 1665, époque où cette servitude fut rachetée pour une somme de 100 fr., sur laquelle les écoliers reçurent chacun cinq sous.

Dans une de nos précédentes réunions, à propos de quelques-uns de nos anciens usages bisontins, je vous ai entretenus de la fête des fous. Vous n'avez pas oublié que les personnages de ces cérémonies burlesques étaient fournis par les élèves des écoles capitulaires.

(1) Ms. 80?? de la collection Moreau, fol. 327.

C'étaient eux aussi qui servaient d'acteurs dans les représentations des mystères données dans les cathédrales, lors des grandes fêtes ou à l'occasion de circonstances mémorables. Si vous le voulez bien, je vous ferai plus tard une communication sur ce sujet [1].

Dans cette partie de ma conférence, je vous ai surtout parlé des choriaux. Avec d'autres enfants venus de divers points de la province, ils formaient l'internat des écoles capitulaires. Mais ces écoles étaient ouvertes gratuitement à tous les enfants de la ville. Ces derniers suivaient les mêmes leçons que les choriaux ; seulement ils n'étaient pas tenus d'assister aux offices des cathédrales et de prendre part aux cérémonies religieuses.

Au mois de septembre 1465, les écoles de Saint-Étienne et de Saint-Jean furent réunies à celle de la Madeleine [2]. Le nom de « rue de l'École » en est un souvenir. Les écoles de Sainte-Brigitte, plus spécialement affectées aux choriaux et suppôts du Chapitre, subsistèrent néanmoins jusqu'au xviie siècle. Vers la fin du xve siècle, le Chapitre les céda à la ville, qui les installa près de Chamars, « où, dit un rapport « au Parlement, estoient anciennement les escholes municipales entre- « tenues des deniers publics du temps des Romains [3]. » Elles n'en restèrent pas moins, pendant près de deux cents ans encore, sous le contrôle des écolâtres. Les deux derniers dont je trouve les noms pour cette période sont Étienne de Belvoir (1460) et Thiébaud de Cicon (1476).

* * *

Salins. — Dole. — Lons-le-Saunier. — Gray. — Poligny. — Arbois. — Montbéliard. — Vesoul. — Pontarlier. — Luxeuil. — La Grâce-Dieu. — Balerne. — Faverney. — Gigny. — Écoles de filles.

Dans les villes secondaires de *Franche-Comté* qui possédaient des collégiales, il y eut, il dut y avoir des écoles calquées sur le modèle des écoles capitulaires de Besançon.

La plus ancienne ou plutôt celle qui passe pour telle est celle de Saint-Anatoile de Salins. La fondation en est attribuée à l'archevêque Hugues Ier, qui était originaire de cette ville; elle serait par consé-

---

(1) Elle a été faite le 2 mars dernier.
(2) Dom Grappin, p. 146.
(3) Droz, p. 16.

quent du milieu du xi° siècle. Elle était installée près de la « porte au
Bâtard, » dans les dépendances du cloître.

J'ai retrouvé les noms de quelques écolâtres du xiv° et du xv° siècle :
Jean Mangeroz (1303) ; Jean Chambier (1306, 1307 et 1308) ; Othenin
Morel (1343) ; Étienne de Savigny ou Savigna, mort dès avant 1435 ;
Léon de Nozeroy, doyen de Besançon (1431) ; Jean de Fruyn (1444-
1449 [1] ; Jean de Santans (1460). Parmi les maîtres, Perrenin Possin
(1329) ; Jean Babollet (1431) ; Félix Labouchet, de Troyes, maître ès
arts, nommé pour deux ans (1433) ; Jean Bon, de Saint-Laurent-de-
la-Roche, maître ès arts, institué pour un an (1444) ; Michel Durand,
maître ès arts, nommé pour trois ans (1445), mais en fonctions un an
seulement, à ce qu'il paraît, puisque le 24 septembre 1446, les chanoines de Saint-Anatoile désignent pour trois ans Amédée Routier,
clerc de Savigny en Revermont [2] ; enfin Guillaume, frère d'Étienne
de Savigny, mentionné dans le testament d'un de leurs élèves,
Pierre de Ville, qui désire être inhumé auprès d'eux (1448) [3].

Dès 1350 ou environ, selon M. Perrod [4], le choix des maîtres était
fait par deux des échevins, qui les faisaient agréer par l'écolâtre.

En 1410, une « chanterie » fut annexée à l'école par les soins de
l'écolâtre d'alors, Léon Macenot ou Macenet, qui avait encore ce titre
en 1424, bien que doyen de Besançon [5]. Elle fut d'abord bien mo-
deste, puisqu'elle ne comptait que deux choriaux. A partir de 1467,
ils furent au nombre de six. Leur dotation était constituée à l'aide
des revenus de deux chapelles que Thibaud, archevêque de Besançon, avait, en 1419, réunies à la chanterie.

Le Chapitre de Saint-Maurice eut son école comme celui de Saint-
Anatoile. En 1435, sous le prétexte que celle de Saint-Anatoile était
trop éloignée, elles furent réunies et installées entre les deux bourgs
qui composaient la ville. L'écolâtre de Saint-Anatoile conserva la direction de cette école, pour laquelle chaque bourg accordait une subvention de 5 livres [6].

(1) Communication de M. Bern. Prost.
(2) Id.
(3) Introduction aux Testaments de l'Officialité.
(4) *Annales franc-comtoises*, 1898, p. 401 et suiv., *Les écoles et le collège de
Salins*; Rousset, *Dictionnaire historique du Jura*, t. VI, p. 459.
(5) Communication de M. Bern. Prost
(6) M. Perrod, *loc. cit.*

Dole eut aussi de bonne heure des écoles, qui ont laissé leur nom à une rue appelée autrefois rue des Vieilles-Écoles. Il en est fait mention, ainsi que des recteurs, dans plusieurs documents de 1250 à 1300. J'en ignore l'importance. En 1400, l'abbaye de Cîteaux loua un immeuble qu'elle avait à Dole à un professeur de belles-lettres, pour y fonder un collège de grammaire (1). A partir du xvᵉ siècle, cette ville devint, grâce à la création de son Université et des collèges qui se groupèrent autour d'elle, le centre littéraire et scientifique de la province.

L'abbé de Baume nommait les recteurs des écoles de Lons-le-Saunier. Nous le voyons user de ce privilège en 1208 (2). Un de ces recteurs, Humbert, souscrivait en 1303 un acte émané de l'Officialité de Besançon (3). Plus tard, le droit de nomination appartint au prieur de Saint-Désiré. En 1308 et en 1311, le prieur Jean de Cuisseau désignait pour le rectorat des écoles de la ville Hugues de Busseau, religieux de Baume (4). La dénomination de porte de l'École est un souvenir de leur emplacement.

A Gray, c'était l'abbé de Corneux qui nommait les recteurs, dès le xiiiᵉ siècle. Jean de Chartres, clerc, était recteur en 1404 (5).

Si, comme il est permis de le croire, le mot *grammaticus*, que nous trouvons dans une charte de l'an 1115, signifiait un professeur de lettres, Poligny aurait eu des écoles déjà à cette époque. Dans une donation qu'il fait de tous ses biens au prieuré de Vaux-sur-Poligny, en 1264, Girard de Voyria, clerc, a la qualité de *rector scholarum Poloigniaci* (6). Un de ses successeurs, en 1415, était Jean Fulcon ou Fouques (7).

Alix, sœur et héritière d'Othon de Méranie et comtesse de Bourgogne, donna en 1271, aux frères Prêcheurs qu'elle avait fait venir de Mâcon à Poligny, une église et quelques maisons. Elle y institua une

(1) Rousset, *Notice historique sur la ville de Dole*, p. 221.

(2) *Annuaire du Jura*, 1851, art. *Baume*.

(3) *Ibid.*, art. *Bornay*.

(4) *Ibid.*, 1848, p. 304; Notice sur le prieuré Saint-Désiré, par dom Albert Chassignet, ms. fr. 18750 de la Bibliothèque nationale.

(5) Ms. 875 de la collection Moreau, fol. 670 (Communication de M. Bern. Prost).

(6) Ms. 876 de la collection Moreau, fol. 613 vᵒ.

(7) Chevalier, *Histoire de Poligny*, t. I, p. 319, *Preuves*, et II, p. 605, *Preuves*.

chaire de philosophie et une de théologie. Plus tard, à la suite de traités passés le 21 août 1386 et en 1403, il y eut au couvent des Dominicains deux professeurs et un sous-lecteur. Il en est sorti plusieurs religieux distingués : Étienne de Poligny, auteur d'un commentaire sur l'évangile de saint Jean, qui vivait à la fin du xiiie siècle; Renaud de Louhans, le traducteur en vers français de la *Consolation* de Boèce; Guy d'Oucier, qui traduisit, mais en prose, le même ouvrage.

L'école d'Arbois était dans le prieuré de Saint-Just. Elle existait dès le milieu du xiiie siècle au moins, car on voit mentionné dans un acte de 1265 un lieu dit la « Fontaine de l'école, » appartenant au prieuré (1). La Bibliothèque nationale possède un recueil de devoirs d'écolier, du commencement du xive siècle, qui en provient (2). Ce n'est pas précisément un des trésors de notre grand dépôt littéraire de la rue Richelieu. Il ferait certainement sourire de pitié un rhétoricien de nos jours qui serait en état de le lire ; il m'impose presque le respect. Aucun document ne m'a montré, autant que celui-là, les difficultés qu'avait pour s'instruire un écolier du moyen âge, obligé, le plus souvent, de copier lui-même tous ses traités, son dictionnaire, ses livres de piété, s'il ne les recevait pas en don d'un parent ou d'un bienfaiteur.

De quoi se compose ce recueil ? De formules de salutation épistolaire ; d'une centaine de lettres sur toute sorte de sujets, formant comme un cours élémentaire de droit, tel que, selon M. Thurot (3), il était alors enseigné dans les petites écoles. Elles sont d'ailleurs en latin parfois barbare, en style obscur, prétentieux, et farcies de citations plus ou moins appropriées à leur objet.

On y trouve de courtes analyses d'auteurs ou d'ouvrages alors en vogue : Priscien, le *de Remedio amoris*, la Tobiade, l'Alexandréide ; des citations d'Horace, de Virgile, de Cicéron, de Stace, de Juvénal, etc. ; des vers macaroniques, une série de proverbes et un court vocabulaire latin-français. Proverbes et vocabulaire ont été jugés assez curieux pour être publiés dans la *Bibliothèque de l'École des chartes* (4).

(1) Bousson de Mairet, *Annales historiques et chronologiques d'Arbois*, p. 109-110.
(2) Ms. lat. 8653 ª.
(3) *Notices et extraits des manuscrits*, t. XXII. p. 91.
(4) 1873, p. 33-46.

De ce document je rapprocherai un autre cahier d'écolier, de la première moitié du xv⁰ siècle, Jacques de Vegy, d'Amancey. Il est également conservé à la Bibliothèque nationale (1). Il contient la Rhétorique de Guérin de Vérone, les Synonymes de Cicéron, le commencement de l'Achilléide, etc. Il n'a guère d'autre intérêt que de nous révéler l'existence probable d'une école à Amancey au xv⁰ siècle.

Au commencement du xiv⁰ siècle, il n'existait qu'une seule école à Montbéliard ; elle était, comme ailleurs, sous la direction du Chapitre de Saint-Maimbœuf. En 1300, ce Chapitre fit un règlement d'administration intérieure d'après lequel le recteur était tenu à une résidence continuelle et devait être renouvelé tous les ans ; il lui était interdit d'exiger ou d'accepter de ses élèves tout ou partie de ce qu'ils recevaient pour assister aux offices des morts (2). Mais ce règlement est muet au point de vue des études, qui ne devaient pas différer de celles que l'on faisait à Besançon.

Le recteur de l'école de Vesoul dépendait du prieur de Marteroy, curé du bourg. C'était généralement un prêtre, et il avait un adjoint qui était clerc. Dans son travail sur *la Charité à Vesoul* (3), l'abbé Morey a donné les noms de quelques recteurs et clercs depuis 1315 : Jean Feilo, de Sommeville ; Jean de Granvelle ; en 1342, Othe de Luxeuil, prêtre, recteur ; Jean Coutenot, de Vesoul, clerc ; en 1423, Jean Pradelet, recteur. L'école de Vesoul existait déjà en 1231.

Le peu que l'on sait de l'école de Pontarlier, connue dès 1278, nous le tenons d'Olivier de la Marche, qui, pour cette période, en fut le plus brillant élève. Son père était alors gouverneur du château de Joux. Notre chroniqueur comtois en parle à propos du passage, à Pontarlier, du roi de Naples et mari de la fameuse reine Jeanne, Jacques de Bourbon, qui vint chercher au couvent des Cordeliers de Besançon l'oubli de ses infortunes conjugales et royales. Vous n'avez certainement pas oublié le récit que je vous ai fait, dans notre réunion de novembre 1897, de ce singulier voyage. Voici le fragment des *Mémoires* d'Olivier de la Marche qui s'y rapporte : « Le roy Jacques « de Naples se tira des Italies au païs de Bourgongne au lieu de Be- « sançon ; et me souvient que les gens d'église de la ville de Pontar-

(1) Ms. 166 des Nouv. acq. lat.
(2) Duvernoy. *Ephémérides du comté de Montbéliard*, 5 janvier, p. 7.
(3) P. 30 et 31.

« lier, ensemble les nobles, les bourgeois et marchands, firent une
« congrégation et une assemblée par procession pour aller au de-
« vant du roy Jacques, qui venoit en ladicte ville ; et y mena le
« maistre de l'escole ses escoliers, duquel nombre j'estoys (1). »

Les écoles de Saint-Claude et de Luxeuil étaient bien déchues de
leur ancienne splendeur. Pour la dernière partie du moyen âge, nous
ne savons rien sur la première de ces abbayes, si ce n'est que l'on
y copia un certain nombre de manuscrits, dont quelques-uns sont
parvenus jusqu'à nous. Luxeuil nous donne un nom d'écolâtre,
celui de Gauthier, *magister scholarum*, en 1328 (2). Et c'est tout !

L'abbaye de la Grâce-Dieu eut, dès le xɪɪᵉ siècle, une école où l'on
enseignait la lecture et le chant aux religieux ; ceux qui aspiraient
aux ordres faisaient des études plus complètes. L'étude de la langue
latine avait lieu pendant le temps destiné à la lecture (3).

A Balerne, l'abbé Burcard, qui vivait au milieu du xɪɪᵉ siècle, avait
commencé à fonder dans son monastère une bibliothèque, laquelle
s'accrut plus tard suffisamment pour que le catalogue en fût publié
par Sanderus (4). Deux siècles après, l'abbé Guy Toissel (1347-1390),
qui passe pour avoir été un homme de mérite, donna une grande
impulsion à l'enseignement, car, dès le commencement du xvᵉ siècle,
l'école de Balerne était florissante.

En 1432, le Chapitre général de Cîteaux ayant décidé que, dans les
abbayes importantes, les principes des sciences seraient inculqués
aux moines, un dominicain de Poligny, Pierre Maréchal, qu'une
chronique de Balerne qualifie de *vir doctus et præstans*, fut chargé
d'y enseigner la théologie. Il y avait alors dans cette abbaye plus de
trente religieux ; les étudiants y étaient répartis en deux écoles, la
grande et la petite (5).

Un bénédictin, dom Pétremant, qui a laissé un *Mémoire sur l'abbaye de Faverney*, a dit, non sans quelque exagération, qu'elle « avoit
« été une escole de science et de vertu pour la jeunesse, une aca-
« démie où l'on élevoit des sujets distingués pour l'Église, les cloistres

(1) *Mémoires*, t. I, p. 7, et *Vies des saints de Franche-Comté*, t. IV. p. 377.
(2) Communication de feu l'abbé Morey.
(3) L'abbé Richard. *Histoire de l'abbaye de la Grâce-Dieu*, p. 26.
(4) *Bibliotheca belgica*, 2ᵉ part., p. 133 et suiv
(5) Chevalier, *Mémoires historiques sur Poligny*, t. II, p. 136.

« et l'État. » Ce qui est certain, c'est qu'à plusieurs reprises, les abbés firent de louables efforts pour y développer le goût de l'étude. Pour n'en citer qu'un exemple, le 1ᵉʳ août 1305, l'abbé Olivier et ses religieux résolurent de n'admettre plus parmi eux que des hommes sachant chanter et lire. « Considérey, disent-ils, l'insufficience de « auscuns moignes qui furent faits en nostre abbaye çà en arrière, « liquel ne savoient ne encore ne savent chanter ne lire sophesam- « ment, nos avons accordey, fait, estaubly et ordeney et juriez sur « saintes Evangiles en nostre abbaye.... que de ci en avant ne soit « donez l'abiz de moigne à nul homme en nostre abbaye ne autre « part en nom de nos ne par nostre volontey, s'il ne sest chan- « ter et lire sophesamment, enfin comme il appartient à moigne. »

Jusqu'au milieu du xvᵉ siècle, l'école subsista, mais, dans la suite et jusqu'à sa réorganisation par dom Brenier (vers 1622), l'ignorance était telle à Faverney que les religieux n'y connaissaient même plus que de nom la règle de saint Benoît [1]. La bibliothèque de Vesoul possède quelques manuscrits provenant de cette abbaye [2]. A Faverney, comme ailleurs, l'étude ne redevint en honneur qu'après l'introduction de la réforme, et nombre de nos bénédictins franccomtois de la congrégation de Saint-Vanne ne feraient pas mauvaise figure à côté de leurs frères de la congrégation de Saint-Maur.

Le prieuré de Gigny, plus important que beaucoup d'abbayes, avait une école, mais pour les oblats seulement, qui étaient au nombre de six au plus. Deux maîtres étaient chargés de leur instruction et de leur surveillance jusqu'au jour où ils faisaient profession. L'enseignement portait sur le chant, la grammaire et l'Écriture sainte. L'entretien des maîtres était assuré par l'union au prieuré des dîmes de Cuisia, près Cousance [3].

Les documents relatifs à l'enseignement dans les monastères de femmes en Franche-Comté, ainsi qu'autre part du reste, sont extrêmement rares pour le moyen âge. Je n'en connais que deux se rapportant à mon sujet. C'est d'abord un passage du testament de Catherine de Ronchamp, femme d'Étienne Mouchet, en date du 7 août

---

(1) P. 41, 42, 96, 102 (Communication de feu l'abbé Morey).
(2) Ils sont au nombre de 47. Cf. *Catalogue*, par M. J. Gauthier, t. VI du *Catal. général*, p. 401 et suiv.
(3) Gaspard, *Histoire de Gigny*, p. 203 et 343.

1349, par lequel elle lègue aux sœurs Mineures de Besançon une robe de mabre rouge pour qu'elles s'occupent avec zèle (*sollicite*) de l'éducation des enfants d'Alix de Montmartin, sa fille [1]. Ce sont ensuite les nombreuses mentions de *scholares* que l'on trouve dans le nécrologe de l'abbaye de Château-Chalon, terminé en 1416 [2]. Ces *scholares* étaient les enfants nobles offertes à l'abbaye, où elles n'étaient reçues qu'autant qu'elles étaient nièces de religieuses ou adoptées comme telles; peut-être aussi cette dénomination s'applique-t-elle aux novices ou encore aux religieuses élevées et instruites à Château-Chalon dès leur enfance et que l'on distinguait ainsi de celles qui y entraient à un âge plus avancé.

Si nos mères n'étaient pas toutes lettrées, il y en eut, du moins, dès une époque reculée, qui appréciaient les bienfaits de l'instruction, comme Béatrix de Morteau, qui, en 1262, fait des legs pour les écoliers pauvres de Besançon, et eut, plus tard, des imitatrices en Guyette, veuve de Perrenin de Montferrand (1310), Isabelle Grayshuille (1324), Simonnette, veuve de Gérard Chifflet (1334) [3]. Leurs noms méritent d'être associés à celui de la comtesse Jeanne, fondatrice du collège de Bourgogne.

* *

Écoles rurales.

En dehors des écoles capitulaires et monastiques, l'instruction fut, en général, jusqu'au xv° siècle et même plus tard, donnée, dans les campagnes, par les curés. Ils apprenaient à lire, à écrire et à chanter à quelques-uns des enfants de leurs paroisses. Ceux de ces derniers qui manifestaient quelque goût pour l'étude étaient initiés aux éléments de la langue latine, après quoi ils allaient parfaire leur instruction dans l'abbaye, le prieuré ou le chapitre le plus voisins ou à Besançon. Ces écoles rurales n'ont pas laissé dans l'histoire de notre province de nombreuses traces de leur existence. On savait qu'il y en ut à Montfleur dès 1295; à Grozon, à Gy, à Pesmes dès l'an 1300. Le travail que j'ai fait sur les Testaments de l'Officialité

---

(1) N° 60 de mes Testaments de l'Officialité.
(2) Publié par Aug. Vayssière.
(3) Introduction aux Testaments de l'Officialité.

m'a permis d'en découvrir de nouvelles : à Monthozon, en 1272, dont le recteur se nommait Pierre; un de ses successeurs, en 1312, était Hugues de Thiénaus, prêtre (1); à Port-sur-Saône, en 1304, dont le recteur était Jean de Couflandey; à Montjustin, en 1317, dont le recteur était Guillaume de Faverney; à Ray, en 1380, dont le recteur se nommait Pierre; à l'Isle-sur-le-Doubs, en 1381; à Saint-Aubin, en 1396; à Clerval, en 1418 et en 1482; les recteurs d'alors étaient Pierre d'Auxon et Jacques Gargoilley; enfin à Vercel, en 1479, dont le recteur était Guillaume Grevillard. M. Prost me signale aussi l'existence d'une école à Nozeroy, en 1411 (2), et d'une à Marnay, vers 1440 (3). Les archivistes de nos trois départements comtois pourront peut-être ajouter quelques noms nouveaux à ceux de cette courte liste.

Je n'ai rien dit, et pour cause, de l'enseignement du droit et de la médecine. Si, dans un certain nombre de documents du moyen âge, nous voyons figurer des personnages avec le titre de *legum professor*, comme Michel de Chevroz et Guillaume de Mutigney, bailli d'Arlay, Hugues de Montmorot, Guy de Baume dit Baudet, official de Besançon, plus tard évêque de Langres et chancelier de France, N. Droé, Jean Colombet, de Château-Chalon, Guy de Nozeroy, Hugues Mévilley, d'Arbois, Robert Ardeçons, Jean de Fouvent, Guy Vincent, Guillaume de Martigny, pour ne parler que de ceux dont j'ai rencontré les noms par-ci par-là dans des documents du xive siècle, il ne faudrait pas croire qu'ils professèrent le droit en Franche-Comté. Leur titre était, selon moi, purement honorifique, complément de celui de licencié et de docteur qu'ils avaient pris dans les Universités étrangères. L'enseignement du droit dans nos petites écoles se réduisait à quelques formules, ainsi que je l'ai dit à propos du cahier de l'écolier d'Arbois. Les clercs se formaient à la pratique chez les notaires, comme cela a encore lieu de nos jours.

Je ferai la même observation pour les médecins ou physiciens, qui

(1) Ms. 52 de la collection de Bourgogne à la Bibliothèque nationale, fol. 40 v° et ms. 69 de la même collection, fol. 126 v° (Communication de M. Bern. Prost).

(2) D'après le ms. 395 des Nouv. acq. fr. de la Bibliothèque nationale, fol. 58.

(3) Ms. 3535 des Nouv. acq. fr., fol. 35.

étaient très rares en dehors des villes importantes et des châteaux des grands seigneurs. Ailleurs, c'étaient les empiriques, les barbiers, les matrones et souvent les sorcières qui se chargeaient de mettre un terme aux souffrances des malades, en les envoyant avant le temps dans l'éternité.

C'est par les anciens inventaires de manuscrits qu'il aurait été le plus facile de se rendre compte du mouvement intellectuel dans notre province pendant le moyen âge. Malheureusement ces inventaires sont perdus ou ne sont arrivés jusqu'à nous qu'incomplets, comme celui de Saint-Claude, dont j'ai parlé plus haut. A plus forte raison n'avons-nous plus tous les manuscrits sortis des *scriptoria* franc-comtois. Pendant le néfaste régime des abbés et des prieurs commendataires, beaucoup ont péri par suite de l'ignorance et de la négligence des moines. Cette ignorance et cette négligence étaient déjà constatées au xviiie siècle par un religieux de Clairvaux, dom Guitton, qui avait été chargé de visiter les monastères champenois (1). Le fameux Lectionnaire de Luxeuil n'avait-il pas été trouvé par Mabillon au milieu de volumes de rebut! L'inventaire des manuscrits de Cherlieu, dressé en 1667 et publié par l'abbé Besson dans son *Mémoire historique* sur cette abbaye, ne contient-il pas aussi la mention de manuscrits *déchirés, sans commencement ni fin, et tous brisés et rompus* (2)! La Révolution et surtout les écumeurs de bibliothèques et de dépôts d'archives, qui profitèrent de ces temps troublés pour se former à bon compte des collections dont eux ou leurs héritiers devaient plus tard tirer profit, firent le reste. Celles de ces vénérables épaves qui n'ont pas quitté la Franche-Comté nous sont actuellement connues, grâce aux excellents catalogues qui en ont été dressés, pour Besançon, par le regretté Castan, et pour la plupart des autres villes par M. Jules Gauthier.

Dans la longue liste de manuscrits légués par des particuliers et dont j'ai trouvé la mention dans les Testaments de l'Officialité de Besançon, on peut voir, en dehors des ouvrages de piété ou de théologie, la preuve que nombre de laïques possédaient des livres d'étude. Il est à regretter que quelques-uns n'en aient pas donné l'énumération com-

(1) *Voyage littéraire de dom Guitton en Champagne,* publié par Édouard de Barthélemy, *passim.*
(2) P. 109.

plète. On n'est pas peu surpris de voir figurer, dans cette liste, un livre grec légué en août 1336, par Guillaume, fils de Michel de Changin, à Étienne Patre.

Si c'est un peu à la perte des documents d'archives qu'il convient d'attribuer la pénurie de renseignements que nous possédons sur nos écoles comtoises, il faut bien aussi faire la part de la minime importance de beaucoup et surtout de l'époque reculée pendant laquelle vous avez bien voulu me suivre avec une attention dont je suis vivement touché.

Je serais heureux d'avoir pu vous faire partager ma conviction que notre province, qui tient actuellement le premier rang au point de vue de l'instruction, n'a pas été au dernier durant le moyen âge.

BESANÇON. — IMPR. ET STÉRÉOTYP. DE PAUL JACQUIN.